NETWORK MARKETING: GUIDA PRATICA PER ATTRARRE CLIENTI E COLLABORATORI NELLA TUA ATTIVITÀ
- SENZA USARE LA LISTA NOMI -

La pratica è sempre più efficace della teoria

Dylan Marchese
infoconsulenza557@gmail.com

Benvenuto/a in questo manuale pratico!

Sei pronto ad imparare come attrarre clientela e collaboratori in modo gratuito nella tua attività di nertwork marketing??

Andremo a sfruttare al massimo un sistema che sto usando ormai da più di un anno e continua a darmi molte soddisfazioni!

Sei pronta/o a sapere come sfruttare al meglio i social? Iniziamo!

Introduzione

Il Network Marketing esiste da oltre 100 anni nel mondo; in Italia si è diffuso negli anni '70, ma solo con la legge n. 173 del 2005 è stato regolamentato, distinguendolo ufficialmente dagli schemi piramidali illegali.

Il Network Marketing è un modello di business che permette di fare da intermediario tra un'azienda e i clienti, guadagnando commissioni sulle vendite. In pratica, è come avere un'attività propria, ma con un grande vantaggio: non serve acquistare grandi quantità di prodotti in anticipo né gestire un magazzino. A differenza di un'attività tradizionale, dove dovresti investire migliaia di euro per affitti, forniture e personale, qui puoi lavorare online con costi minimi.

È un sistema che offre a chiunque la possibilità di avviare un'attività senza grandi rischi economici, concentrandosi sulla promozione e la vendita dei prodotti o servizi dell'azienda con cui si sceglie di collaborare.

Ci sono due tipi di prodotti o servizi che si possono veicolare: quello low ticket e quello high ticket. Solitamente le aziende che lavorano con prodotti low ticket avranno prodotti economici e solitamente commissioni basse, perché proporzionate ai prodotti venduti; viceversa, per le aziende che lavorano con prodotti high ticket, avranno commissioni più alte perché i prodotti o servizi avranno un costo maggiore.

Negli anni, il Network Marketing si è evoluto moltissimo. Un tempo si lavorava porta a porta, senza il supporto dell'online, e questo lo rendeva molto più faticoso rispetto
ad oggi.
Ogni azienda ha le proprie politiche, commissioni e modalità di lavoro, e col tempo anche il modo di fare network è cambiato.

Dopo otto anni nel Network Marketing 'vecchio stile', ho deciso di evolvermi anch'io; ed è proprio per questo che scrivo questo libro: per raccontare la mia esperienza e per condividere come lavorare oggi in questo settore.

Intorno al 2015 ho iniziato anch'io il mio percorso nel Network Marketing, nel settore del caffè, la seconda bevanda più bevuta al mondo.

All'epoca si puntava molto sugli incontri dal vivo: facevamo chilometri per partecipare agli eventi, respirando un entusiasmo contagioso. Era un'esperienza intensa e ricca di emozioni.

Dopo tanti anni in questo settore, con il tempo ho cambiato diversi collaboratori e, a un certo punto, mi sono ritrovato da solo, senza sapere più come muovermi.

Sicuramente se avessi voluto avrei trovato il modo di continuare e di fare progressi, ma la verità è che non volevo più continuare a fare contatti a freddo a caso, sperando che qualcuno potesse essere interessato; era davvero una perdita di tempo infinita, oltre a ricevere molte critiche e insulti.

Ero sicuro che il mercato si stesse evolvendo, anche il modo di lavorare stesse cambiando...

Stavo cercando qualcosa di nuovo, un NM o un metodo più evoluto che mi permettesse di lavorare diversamente, senza dover stare lì a contattare continuamente le persone come avevo fatto fino a quel momento.

Sentivo dentro di me che era arrivato il momento di fare un cambiamento e così, grazie a un mio collaboratore, mi sono avvicinato a nuovo settore: quello della prima bevanda più consumata al mondo, l'acqua.

Grazie a un mio collaboratore, ho scoperto un metodo completamente diverso di fare NM, un approccio che avrei voluto conoscere prima.

Col tempo, mi sono reso conto che non è necessario partecipare fisicamente agli eventi: oggi basta semplicemente collegarsi a zoom per vedere che c'è un'intera community di persone che fa esattamente quello che state facendo voi. Partecipare può dare una grande carica, ma non è indispensabile per avere successo in questo lavoro.

Voglio specificare che ovviamente gli eventi fisici sono importanti soprattutto quando sono aziendali, dove ci sono nuovi lanci o formazioni molto necessarie o nel caso di eventi del tuo team organizzati dal vivo che sono importanti; come leader quindi ti consiglio di essere presente perché le persone fanno ciò che vedono e non ciò che gli viene detto.

Prima di entrare nel vivo, la parte più impostante per raggiungere i tuoi obiettivi, qualunque essi siano, è la tua mentalità: infatti prima di avere risultati concreti devi essere sicuro di avere l'atteggiamento mentale giusto rispetto al denaro, al successo e alle persone di successo.

Ti spiego meglio: se tu vuoi avere successo nella tua attività, non puoi avere un atteggiamento mentale negativo nei confronti delle persone che hanno già raggiunto il successo che vuoi anche tu. Se la tua mente quindi, pensa positivo, attrarrai cose sicuramente positive e viceversa.

Per farti qualche esempio, se vuoi avere più soldi ma ogni giorno sei negativo nei confronti dei soldi, attrarrai solo altre situazioni che ti porteranno ad avere ancora meno soldi come per esempio delle bollette stranamente più alte rispetto al solito e via dicendo...

Io personalmente i primi anni che facevo NM volevo ottenere i risultati ma non provavo amore per il denaro, nel senso che vedevo la mancanza di denaro invece di vedere l'abbondanza in esso, infatti nei primi anni ho ottenuto scarsi risultati.

Solo quando ho iniziato a capire l'importanza di leggere libri di crescita personale e sulla legge di attrazione, sono riuscito a capire che la felicità non dipende da ciò che non hai, ma dalla gratitudine per ciò che hai!

Lo so, possono sembrare delle frasi fatte, ma quando inizi ad avere la visione di quello che vuoi come se l'avessi già ottenuto, tutto ti apparirà più sereno e più felice.

Solo così proverai gioia in ciò che fai perché molte volte il problema che hanno le persone è farsi travolgere dalle difficoltà quotidiane e non vedere le parti positive della loro Vita.

In questi anni infatti, molte volte ho provato queste stesse sensazioni di difficoltà nel vedere la parte positiva nella vita quotidiana, concentrandomi sulle parti negative delle situazioni, invece di capire che dovevo sforzarmi di distogliere lo sguardo e le emozioni da quello che non mi piaceva per concentrarmi solo su quello che mi faceva sorridere e stare bene.

Sono sicuro che in questo momento starai pensando: "è impossibile non essere negativi nella mia situazione lavorativa, familiare, relazionale, economica ecc..." ma pensa che anch'io, mi sentivo bloccato da mille ostacoli che mi sembravano insormontabili.

Grazie alla lettura di "The power" e di "The secret" dell'autrice Rhonda Byrne, ho capito dove stavo sbagliando, infatti incominciando ad applicare le linee guida di quei libri, ho cambiato totalmente il mio atteggiamento;

pensa che prima e dopo averli letti ero nello stesso ambiente sia lavorativo che familiare ed economico, ma la differenza è stata abissale: prima al lavoro ero stressato, nervoso e molto spesso di cattivo umore perché mi concentravo sulle possibili situazioni ipotetiche che potevano crearsi e ovviamente succedevano.

Questo si ripercuoteva sulla famiglia e sul denaro che non bastava mai.

Dopo aver messo in pratica le istruzioni dei libri, nonostante la mia quotidianità non fosse cambiata, la mia felicità iniziò ad aumentare vertiginosamente.

La trasformazione è stata incredibile: sono riuscito a vedere le situazioni lavorative in maniera positiva senza pormi il problema di cosa sarebbe potuto accadere e questo mi ha scaricato totalmente la tensione che ogni giorno mi portavo dietro.

Ho notato che le situazioni spiacevoli che prima si ripetevano frequentemente non si verificavano più. Questo ha avuto un impatto positivo anche nella vita familiare, portando più serenità, gioia e affinità con mia moglie, migliorando così anche la nostra parte economica.

La gratitudine e la visualizzazione sono pratiche che vi cambiano completamente, provare per credere!

Un altro libro che vi consiglio di leggere per crescere interiormente e professionalmente è "Pensa e arricchisci te stesso" di Napoleon Hill.

Grazie a tutto questo percorso e a molti anni di crescita nel Network, io e il mio team siamo riusciti a creare delle nuove strategie pratiche per ottenere più risultati in questo splendido settore.

Il bello è che molte di queste strategie non richiedono un investimento di denaro, ma solo del tempo per implementarle, correggere eventuali imperfezioni e usarle costantemente. Possono essere quindi applicate a qualsiasi tipologia di Network Marketing che sia low ticket o high ticket.
A seconda della tua attività, bisognerà poi cambiare alcuni aspetti e dettagli per adattarlo e renderlo su misura.

E' proprio questo nuovo metodo che voglio condividere con voi!

Voglio parlarvi di un nuovo modo di fare Network Marketing: un metodo semi-automatico in cui non dovrete più inseguire persone della vostra lista nomi, ma saranno loro a cercare voi per avere informazioni sulla vostra attività.

Niente più contatti con approcci casuali. Useremo Facebook come principale piattaforma, e vi garantisco che, se seguirete **passo dopo passo** ciò che trovate qui con **costanza**, otterrete sempre più risultati.

Ora entriamo nel vivo di come fare NM OGGI!

Teniamo a mente che in questi anni il lavoro sia tradizionale sia nel Network è cambiato, quindi se lavori ancora con lista nomi o porta-porta non è sbagliato, ma sicuramente è obsoleto. Durante il periodo del covid-19 molte persone hanno scoperto cosa volesse dire "lavorare da casa" perché si usava lavorare in smart working, ricordi? Quando è finita la pandemia siamo tornati a lavorare in presenza e lo smart working piano piano è sparito, ma le persone non si sono dimenticate di quanto fosse interessante lavorare comodamente da casa, ed è esattamente questo ciò che stanno cercando negli ultimi anni, cioè un modo per guadagnare uno stipendio lavorando da casa. Per questo ad oggi bisognerebbe puntare a costruire sistemi online che facciano guadagnare veramente.

Durante il covid molte persone si sono interessate ad aprire un loro sito in modo da continuare la propria attività adattandosi a ciò che il mercato richiedeva in quel momento; per questo molte persone si sono interessate al Network Marketing.
Nel NM moderno si è visto che i metodi più proficui per lavorare è decisamente l'online: soprattutto attraverso piattaforme social come facebook, threads, instagram e tik tiok; solo così si può far conoscere la propria attività più facilmente a migliaia di persone facendo meno fatica.

Ora ci concentreremo su facebook: un social gratuito che continua a darmi molte soddisfazioni!

PAROLE DA SAPERE PRIMA DI COMINCIARE:

Target: sono i tuoi collaboratori/clienti ideali, se non li identifichi subito, non saprai mai chi è più affine alla tua attività e a chi potresti vendere subito.

Posizionamento: il modo in cui ti percepiscono le altre persone, sia nella vita professionale sia nella vita personale; la combinazione d'immagine, competenza, valori e messaggi che trasmetti al pubblico aiuta a distinguerti dalla massa, attrarre le persone giuste, creare autorevolezza e aumenta la fiducia e la credibilità.

Attrarre e non inseguire: se insegui le persone e le contatti tu, 9 volte su 10 ti deposizioni e quindi perdi autorevolezza, la persona ti darà meno ascolto e farai fatica a proporgli qualsiasi cosa.

LAVORARE CON LA LISTA NOMI NON E' SBAGLIATO ALL'INIZIO MA NEL LUNGO TERMINE E' CONTROPRODUCENTE:

Finché sono amici, parenti e conoscenti, hai qualche possibilità con un po' di sforzo, ma con contatti sui social a freddo sarà faticoso e avrai pochi risultati. Il 70% delle volte troverai persone non in target, cioè persone non interessate a ciò che fai o addirittura che ti fanno perdere tempo.

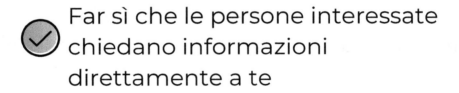 Far sì che le persone interessate chiedano informazioni direttamente a te

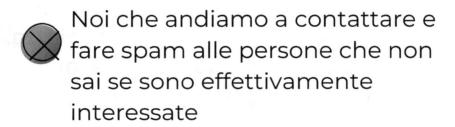 Noi che andiamo a contattare e fare spam alle persone che non sai se sono effettivamente interessate

<u>Premessa:</u>

Per garantire che le strategie funzionino, a meno che tu non abbia già risultati comprovabili o sia leader nel settore, sarebbe meglio evitare di avere nei propri profili social nome dell'azienda con cui collabori, foto di prodotti come se il tuo profilo fosse un catalogo o una vetrina, perché così facendo togli la curiosità alle persone che ti guardano e che andranno a vedere sui vari canali di ricerca con chi collabori, magari facendosi un'idea sbagliata;

bisogna ricordarsi che le persone non acquistano il prodotto in sé ma la vostra esperienza su quel prodotto, le emozioni che raccontate e la visione che gli date.

Cerca di tenere un profilo curato e bello per creare curiosità e soprattutto per mostrare che stai facendo qualcosa di diverso dagli altri, in modo da ispirare.

Per usare le nostre strategie dovrai iscriverti a parecchi gruppi facebook inerenti al NM.

Ci sono molteplici possibilità per attrarre collaboratori o clienti:

1. fare commenti posizionanti

Quando entri nei gruppi facebook sul Network, troverai già molteplici post di persone che stanno cercando un determinato tipo di attività o persone che vogliono diversificare la propria, ovvero collaborare con altre aziende oltre alla sua. Per questo, devi creare un commento diverso e più accattivante sotto a questi post; è bene posizionarsi come una persona di esperienza o che ha qualcosa da offrire in più degli altri. Possibilmente dicendo cose veritiere.
<u>Per esempio:</u>
"Ciao, mi chiamo X, opero da molti anni nell'online e sto svolgendo un'attività con delle caratteristiche che potrebbero fare per te, se vuoi scrivimi pure."

Il commento varia a seconda del post che andate a commentare.

Ognuno poi lo adatta a ciò che fa; una volta che capisci cosa sta cercando e la tua attività può fare per lei/lui, puoi portarlo/a in call o in webinar a seconda di come lavorate nella tua attività. Potresti cercare anche post di persone che già stanno cercando da fare online su gruppi di lavoro online o gruppi di lavori da casa o gruppi sullo smart working; in questi casi sono più generici quindi bisogna poi capire se la tua attività potrebbe fare al caso della persona con la quale stai parlando insomma.

Inoltre cerca di evitare di proporre il tuo Network a persone che dicono apertamente di non voler vendere o a non essere interessate al NM nello specifico, perché non sono persone in target per te, perciò è meglio evitare di perdere tempo.

Non far intendere mai che il NM sia un lavoro con uno stipendio fisso o da dipendente online, perché non è ovviamente veritiero.

2. fare post posizionanti

All'interno dei gruppi facebook sul NM crea dei post che invogliano le persone a chiederti informazioni su quello che fai, come per esempio per l'attività: "SEI UN NETWORKER CHE VUOLE SFONDARE IN QUESTO SETTORE? LEGGI QUA:

Sono anni che lavori come un mulo ma i risultati sono pochi?
Vorresti trovare un modo per trovare clienti e collaboratori perché fai fatica a prendere appuntamenti e videochiamate? Ci siamo passati tutti.
Fortunatamente però non è l'unico modo di lavorare, vuoi cambiare e riuscire ad avere il tuo riscatto?
Sei nel post giusto!
Posso assicurarti:
-Un sistema semiautomatico di marketing che ti porta contatti in target
-Commissioni alte grazie ad un prodotto high ticket

-Il tutto ad un costo inferiore della riattivazione che fai mensilmente
Chi sto cercando:
-Persone ambiziose che vogliono raggiungere il proprio obiettivo online
-Persone ferme e decise nel migliorare costantemente
Se sei una persona così scrivimi "info".

Oppure:
"E' UNA COSA ESTREMAMENTE DIFFICILE...
Credevi Davvero che proponendo solo i tuoi prodotti a tua Zia, la tua Amica o tuo Cugino e hai tuoi conoscenti,
Avresti Raggiunto la tua Libertà ?
Non hai Mai Pensato di usare metodi di marketing migliori e più efficaci di quelli che stai usando?
Quanti stanno DAVVERO GUADAGNANDO?

Con Questo vecchio Metodo?
La risposta Probabilmente l'hai sempre
saputa . . .
e Se ti dicessi esiste un Modo
Senza acquistare Video Corsi
Senza inutili forniture di Prodotti mensili
e Senza vendere ai tuoi Conoscenti
Grazie al Quale potrai Vedere i tuoi
Guadagni
Già nel PRIMO MESE ?
Scrivimi in privato o nei commenti
"CARRIERA"
Per capire come stiamo aiutando Decine
e Decine
di Persone a REALIZZARSI DAVVERO
con una Vera Professione ONLINE."

Oppure per il prodotto:

"Vuoi risparmiare sulla tua spesa quotidiana e vivere in modo più sano? Immagina di avere un dispositivo che non solo ti offre acqua alcalina di alta qualità, ma che ti consente anche di ottenere prodotti ecologici per la casa, eliminando il bisogno di acquistarli al supermercato!
Se anche tu vuoi risparmiare sui detergenti e altri articoli per la casa, scopri come fare il passo verso un cambiamento positivo nella tua vita!
Per maggiori informazioni scrivimi RISPARMIO in privato."

Un altro esempio:

"PENSI CHE POSSA ESISTERE UN NETWORK DOVE PUOI RISPARMIARE E GUADAGNARE ALLO STESSO TEMPO?
Io pensavo che non potesse esistere ma mi sono ricreduta
Finalmente ho trovato un network che ti fa risparmiare sul bene più usato e necessario del mondo: l'acqua. Chi non la beve almeno occasionalmente?
E anche sui prodotti per la casa che finalmente posso farli da me
Se anche te stai cercando il modo di risparmiare e guadagnare in questi due settori, scrivimi posso sicuramente aiutarti!"

Un altro esempio:

"QUALI SONO LE CARATTERISTICHE CHE VORRESTI NEL TUO NETWORK DEI SOGNI?
Nel mio volevo questo:
-Non usare la lista nomi, vendere a parenti o fare il porta a porta
-Avere un sistema di marketing semiautomatico con contatti in target senza perdere tempo
-Portare sul mercato un prodotto di necessità con un bacino di clientela immenso
-Prodotti high ticket che generano commissioni elevate
-Persone che mi aiutano e mi supportano quando ne ho bisogno
-Crearsi una carriera online e una rendita futura

FORTUNATAMENTE NON È RIMASTO SOLO UN SOGNO MA È DIVENTATO REALTÀ
SE ANCHE TU SEI STATO SCOTTATO CON PROMESSE CHE NON SONO STATE MANTENUTE O CON GUADAGNI CHE ARRIVAVANO A FATICA SCRIVIMI QUI SOTTO O IN PRIVATO
INIZIA A LAVORARE SERIAMENTE CON UN SISTEMA VALIDO E PROVABILE!!!"

Questi post sono ovviamente degli esempi che io personalmente ho utilizzato sui vari gruppi facebook per la mia attività di NM con prodotti high ticket, bisogna adattarli alla propria attività di Network Marketing e ai vantaggi che la tua attività può dare, sia economicamente, sia nei prodotti che tratti.

Ti do inoltre una scaletta che puoi utilizzare per creare un post da zero incentrato nella tua attività di NM specifica:

- <u>Titolo</u> che sia d'impatto per attrarre l'attenzione delle persone a leggere il tuo post;
- <u>Domande e affermazioni</u> sulle tue esperienze passate negative nell'attività di NM in generale;
- <u>Soluzioni ai problemi</u>, indicando qualche domanda o affermazione positiva;
- <u>Elencare benefici</u> della tua attività;
- <u>Spiegare che tipo di persona stai cercando.</u>
- <u>Cosa puoi garantire al 100%</u> alle persone che iniziato l'attività con te.
- <u>Chiamata all'azione (CTA)</u> cioè spronare le persone a chiederti informazioni in privato o commentare sotto al post.

Queste tipologie di post sono stati testati personalmente da me e dal mio team e devo dire che attraggono persone in target. Inoltre consiglio di postare una volta al giorno su 5 gruppi di NM e il giorno successivo su altri 5 e così via.
In modo da creare continuità.

Per quanto riguarda i commenti, non c'è una quantità minima o massima, ogni volta che vedi dei post inerenti a ciò che stai offrendo puoi tranquillamente lasciare un commento. Potresti essere contattato anche da persone che semplicemente guardano i commenti incuriositi. E' questa la parte interessante del commento posizionante.

4. creare un gruppo facebook personale o per il tuo team sulla propria attività o sul prodotto

Nota bene: il gruppo va fatto da te e non dalle tue upline o downline perché è importante che tu sia un amministratore e soprattutto che i risultati siano tuoi, magari coinvolgi qualcuno del tuo team sponsorizzato da te o qualcuno di fiducia con il quale vuoi collaborare.

Crea il tuo gruppo facebook con un titolo che attiri persone interessate a ciò che vendi per far sì che funzioni, bisogna trovare il proprio target preciso.

Consiglio Furbo: se non hai idee sul titolo, scaricati l'app gratuita ChatGpt e chiedi in modo specifico un titolo per un gruppo FB che possa attrarre e interessare il tuo target ideale.

Perché creare un gruppo facebook con lo scopo di attrarre clienti e collaboratori?

- puoi decidere tu il target del gruppo e quindi la tipologia di persone attrarre
- non hai limite di quantità di persone da poter attrarre nel tuo gruppo
- è un sistema inesorabile, cresce costantemente e dura nel tempo
- puoi educare i clienti o i potenziali collaboratori sulla tua attività
- puoi pubblicare costantemente contenuti per attrarre l'attenzione dei potenziali clienti o collaboratori
- puoi scrivergli in privato per dargli il benvenuto o per chiedergli in privato cosa stanno cercando o che cosa vorrebbero fare nel mondo dell'online.

Come creare un gruppo facebook?

Dopo aver trovato un titolo che sia facile per la ricerca per farti trovare più facilmente dai tuoi potenziali clienti o collaboratori:
Esempio:
Network Marketing o NM: il nuovo metodo di attrazione per chi ama l'integrazione (senza usare il nome dell'azienda)
Poi chiedete come ho già detto prima un aiuto a Chatgpt, in base a che tipo di cliente o collaboratore volete attrarre.

Il gruppo FB ti darà la possibilità di impostare massimo 3 domande che possono aiutarti a capire chi è, cosa cerca la persona che richiede di entrare, puoi usare questi esempi di domande d'ingresso:

- Hai già lavorato online o nel NM?
- Che tipo di attività stai cercando?
- Cosa ti aspetti di trovare o avere dal gruppo?
- Quanto vorresti guadagnare online?
- Che tipo di attività online vorresti fare?

Come puoi promuovere il tuo gruppo senza costi?

Iscriviti a più gruppi che sono incentrati sul NM o business (evitare gruppi di lavoro online generici perché le persone non saranno per niente in target con la tua attività e perderai solo tempo).

Esempio di post da fare sui gruppi per attrarre persone a iscriversi nel tuo gruppo facebook:
"Ciao a tutti! Volevo presentarvi un nuovo gruppo di NM in maniera intelligente!
Ecco il link, Vi aspetto dentro: "
Se invece avete fatto un gruppo fb sul prodotto: "Ciao a tutti! Ecco a voi un nuovo gruppo che parla di integratori per la perdita di peso.. (dando poi alcune caratteristiche principali), date pure un'occhiata qui: (e lasci il link del gruppo fb).

In alternativa si può anche creare una campagna marketing per poter attrarre le persone in automatico ma logicamente bisogna investire attivamente.

Come sponsorizzare il gruppo facebook sui vari canali social?

Fare stories e post su facebook e instagram (su tik tok non puoi mettere link) mettendo in descrizione come link rapido il link del gruppo così da attirare persone nuove.
E' meglio parlare della propria attività in modo generico, altrimenti togliete la curiosità, che serve per farsi contattare in privato.

Concludere il video con una call to action cioè un modo per invogliare chi ti guarda a contattarti, per esempio: "vi lascio il link del mio gruppo dove potete trovare ciò che faccio e della crescita personale."

Cosa fare appena arriva un'iscrizione al gruppo?

Prima di approvare una persona, vai sul suo profilo, chiedi l'amicizia, e lasciale 3 like nel suo profilo (sempre se c'è qualcosa di interessante), lo approvi e poi scrivigli in privato su messanger.

Ecco un esempio su cosa scrivere: "Ciao Y grazie per esserti iscritto al gruppo : "metti il nome del tuo gruppo" posso chiederti cosa ti ha attirato ad entrare nel gruppo?"
Ovviamente ci chatti finché non lo porti in zoom o in base a come lavorate, se devi mandare video, ecc... l'importante è interessarsi alla persona e capire veramente cosa sta cercando e se la tua attività fa veramente al caso suo.

Nota bene: è importante chiedere l'amicizia perché così quando andrai a fare stories o a fare dei post, anche le persone del gruppo guarderanno e ci sarà un follow up continuo.

Cosa postare all'interno del gruppo per tenerlo attivo e interessante?

In base al post che hai pubblicato su FB, concentrati sulla clientela o sui possibili collaboratori, in generale posta:

- sondaggi inerenti all'attività, al prodotto o alla crescita personale.
- Video o post sulla crescita personale; se non ti piace fare video di crescita personale te personalmente, ma vuoi metterne lo stesso all'interno del gruppo, puoi fare semplicemente dei post motivazionali o postare dei link di video youtube sulla formazione.
- Link di zoom o di video di formazione della tua attività, dove possono estrare ospiti.
- Eventi fisici interessanti sulla tua attività di network marketing o workshop fisici o online.

Consiglio furbo:

Se entri da pc puoi programmare un post automatico che ti uscirà ogni settimana, basterà scriverlo e decidere quando farlo uscire, ecco un esempio: "Buongiorno a tutti! Volete anche voi unirvi a un'attività che:
- elenca i pregi della tua attività
- elenca ciò che può dare ecc...

Se volete avere delle maggiori informazioni, ti aspetto nei commenti o chiedimi info in privato."

Il post deve essere allegro ed energetico, non troppo lungo né noioso o ripetitivo, chiedi pure aiuto a Chatgpt.

5. fare video o live nei vari social

Fare video promovendo il proprio business, percorso di crescita o prodotto e puntare ad incuriosire; non spiegare mai tutto nel dettaglio perché quando togli la curiosità, perdi l'attrattività sulla tua opportunità.
Per la spiegazione completa cerca sempre di farla in privato, portando il cliente o collaboratore futuri nelle zoom di team o della tua upline, in base a come lavorate.
Nei video o nelle live si possono trattare diversi temi in modo da tenere attive le persone, tra cui cose vostre personali relative al tempo, a cosa avete fatto durante la settimana, a come siete riusciti a perdere peso (portando così curiosità alle persone che vi guardano) ecc..

l'importante è sempre essere se stessi, perché prima di interessarsi a ciò che fate, qualsiasi persona vuole identificarsi con te e magari con la routine che racconti. E' molto importante essere empatici e veri.

Esistono anche altre strategie marketing di attrazione ad esempio:

- lead generation: attrazione di lead ovvero persone interessate, derivante da funnel e campagne google e facebook ads, dove le persone lasciano i loro dati e tu li contatti per fissare un appuntamento in video chiamata zoom; ovviamente c'è il costo di marketing che non sempre è più basso rispetto alle commissioni che si percepiscono, bisogna valutare, dipende ovviamente dal settore in cui sei inserito;

questo è possibile valutarlo tramite una consulenza, basterà mandare un'email a infoconsulenza557@gmail.com o contattare sui social Dylan Marchese.

- se ti piace fare video, stories o live si può creare una pagina gratuitamente con strumenti google dove creare o usare un tuo video o uno aziendale di presentazione per andare a convertire i contatti in appuntamenti in zoom o se è possibile anche direttamente in clienti o collaboratori. Questa strategia si fa con la creazione di una pagina di raccolta dati, chiamata google form, che è simile a un funnel, cioè si va ad inserire in questa pagina google un video di spiegazione che può essere fatto da te o che puoi prendere dall'azienda, se ne ha a disposizione su youtube o caricandoli direttamente dal telefono;

si inseriscono inoltre delle domande che servono a farti capire cosa sta cercando quella persona e quindi se può essere interessata alla tua attività.

Per creare il form su google è molto semplice: andate su google form e entrate con la vostra solita email, vi aprirà una pagina con varie sezioni dove potrai scrivere tutte le domande che ritieni necessarie, fare domande aperte, lunghe o corte e potrai personalizzare a tuo piacimento il titolo, i colori, inserire video o fotografie e volendo anche file pdf.

Esempio di come strutturarlo in maniera efficace:

- Titolo
- Foto o immagine di quello che vuoi sponsorizzare
- Video di spiegazione o link che portano a siti informativi della tua attività
- Domande per i reali interessi delle persone
- Richiedi i loro dati personali come email, telefono, nome e cognome, molto importanti se si vuole portarli a fare delle zoom/webinar conoscitive
- Mettere i campi obbligatori in modo che non posso mandare il modulo finché non hanno compilato tutto.

Creato questo form, avrai una tu pagina informativa personalizzata e funzionale. Per avere la possibilità di controllare eventuali compilazioni, dovrai scaricarti l'applicazione fogli su play store sempre di google workspace.

Bisognerà creare da google form un foglio excel che verrà importato direttamente sull'app fogli di google: qui potrai trovare tutti i dati che le persone ti lasceranno.

Adesso che hai la tua pagina di google form personalizzata, puoi creare un link che ti permetterà di pubblicizzare la tua attività, sia all'interno dei gruppi facebook di NM, sia alle persone che ti chiedono informazioni sulla tua attività; oltre a poterlo pubblicizzare su google Ads.

Quando cominceranno ad arrivare le prime candidature, ricordati di contattarli il prima possibile in giornata perché sono ancora caldi.

Se vuoi applicare uno o più di queste ultime strategie al tuo business e ottenere risultati concreti, prenota subito la tua consulenza personalizzata.

Avrai una sessione di un'ora in video zoom dove approfondiremo insieme i tuoi dubbi e vedremo che sistema fa al caso tuo o eventualmente da rendere la tua attività più efficiente.

Hai domande o vuoi capire che sistema andrebbe meglio nel tuo business?

Scrivimi qui: infoconsulenza557@gmail.com per prenotare la tua video call gratuita in zoom.

RINGRAZIAMENTI

Grazie per aver dedicato il tuo tempo a leggere questa guida.
Se sei arrivato fino a qui, significa che hai davvero voglia di migliorarti e di costruire un'attività solida, seria e professionale.

Questo libro nasce dall'esperienza sul campo, dai tanti errori, ma anche dalle soddisfazioni ottenute lungo il percorso.
Spero che questi strumenti ti possano essere utili come lo sono stati e lo sono tuttora per me e per le persone con cui lavoro ogni giorno.

Il NM può essere una grande opportunità, ma solo se affrontato con metodo, costanza e visione.
Adesso tocca a te!

Un brindisi al tuo successo!